BEI GRIN MACHT SICH IHR WISSEN BEZAHLT

- Wir veröffentlichen Ihre Hausarbeit, Bachelor- und Masterarbeit

- Ihr eigenes eBook und Buch - weltweit in allen wichtigen Shops

- Verdienen Sie an jedem Verkauf

Jetzt bei www.GRIN.com hochladen und kostenlos publizieren

Bibliografische Information der Deutschen Nationalbibliothek:

Die Deutsche Bibliothek verzeichnet diese Publikation in der Deutschen National-
bibliografie; detaillierte bibliografische Daten sind im Internet über http://dnb.d-
nb.de/ abrufbar.

Impressum:

Copyright © 2011 GRIN Verlag, Open Publishing GmbH
Druck und Bindung: Books on Demand GmbH, Norderstedt Germany
ISBN: 978-3-668-17086-5

Dieses Buch bei GRIN:

http://www.grin.com/de/e-book/317829/die-oesterreichische-schule-der-volkswirt-
schaftslehre-darstellung-einer

Tobias Zepf

Die Österreichische Schule der Volkswirtschaftslehre. Darstellung einer liberalen Strömung, welche die Finanzkrise von 2008 prognostizieren konnte

GRIN Verlag

Die Österreichische Schule der Volkswirtschaftslehre: Zusammenfassung einer unkonventionellen liberalen Strömung

Verfasst von Tobias Zepf, 23.06.2011

Inhaltsverzeichnis

1. Einleitung

Angesichts der derzeitigen schlimmsten globalen Wirtschaftskrise seit der Großen Depression von 1929 sind die Themen Wirtschaft, Finanzsystem, Geld etc. verstärkt in den Fokus der Öffentlichkeit gerückt. Was früher aufgrund der angeblichen Komplexität nur den so genannten „Experten" überlassen wurde, wird heutzutage selbst an Stammtischen diskutiert. Bezüglich der Ursachen der Wirtschaftskrise seit 2007 herrscht offiziell nahezu Konsens; alle „seriösen" (= keynesianischen) Ökonomen seien sich im Grunde genommen einig darüber, was letztendlich für den Einbruch der Wirtschaft verantwortlich sei. Da ist zum einen von der Immobilienblase, angeblichem „Marktversagen" oder den bösen Spekulanten die Rede. Auffallend ist jedoch, dass all diese selbsternannten Experten ständig von einem baldigen Ende der Krise sprechen, und dies bereits seit offiziellem Beginn derselben. Die Realität hat uns eines Besseren belehrt: Vier Jahre später leidet die Welt immer noch unter den Folgen dieser Krise und die Probleme sind keineswegs kleiner geworden. Weshalb wird immer noch jenen „seriösen" Ökonomen vertraut, die sich laufend in ihren Prognosen irren wenn sie bspw. von einer Erholung sprechen, welche jedoch nicht zu sehen ist, ja die nicht einmal im Entferntesten die derzeitige Krise mit ihren Auswirkungen vorausgesehen haben? Warum werden hingegen solche Ökonomen, die schon lange vor der Hypothekenkrise 2007 vor einer weltweiten Wirtschaftskrise gewarnt hatten, von der Medienöffentlichkeit und der Politik weitestgehend ignoriert? Da die vorherrschende Volkswirtschaftslehre offensichtlich in dieser Hinsicht versagt hat, scheint es mir notwendig, den Blick auf alternative Theorien bzw. Lehren zu richten.

Einen Ansatz, die derzeitige Krise zu erklären, stellt die sog. „Österreichische Schule der Nationalökonomie" dar, welche bereits vergangene Krisen präzise vorausgesagt hatte, sich dabei aber unkonventioneller Methoden bedient, auf welche im Hauptteil näher eingegangen wird.

Nach dieser Einleitung und einigen allgemeinen Worten (siehe Kapitel 2.1) über jene volkswirtschaftliche Strömung, folgen spezifische Informationen zu deren wichtigsten Merkmalen und Ansichten (siehe Kapitel 2.2) mit nachfolgendem Blick auf frühere Krisen und Krisentheorie (siehe Kapitel 2.3). Anschließend werden die einzelnen Kritikpunkte am Geldsystem ausführlich erläutert und eine Lösung diesbezüglich aufgezeigt (siehe Kapitel 2.4). Als Abschluss werden im Fazit die Erkenntnisse nochmals zusammengefasst und die ideale „Österreichische Welt" dargestellt (siehe Kapitel 3).

2. Hauptteil

2.1 Allgemein

Die so genannte Österreichische Schule der Nationalökonomie stellt eine liberale Strömung der Volkswirtschaftslehre dar, die in den 1870er Jahren vom Ökonom Carl Menger im heutigen Nowy Sacz (Polen) begründet wurde. Ihre ersten Vertreter stammten hauptsächlich aus den österreichischen Kronländern, weswegen die Stadt Wien bald zum Zentrum dieser Schule wurde und die Bezeichung „Wiener Schule" bzw. im englischsprachigen Raum „Austrian School of Economics" häufiger zu hören war. Die bekanntesten Vertreter sind u. a. Friedrich August von Hayek (Nobelpreisträger des Jahres 1974), dessen Lehrer Ludwig von Mises, der Amerikaner Murray N. Rothbard, der US-Amerikaner Ron Paul (Kongressmitglied und Präsidentschaftskandidat im Jahr 2008) und im deutschen Sprachraum besonders Hayeks Schüler und Diplom-Ökonom Roland Baader.[1]

2.2 Merkmale und Ansichten

2.2.1 Ausrichtung

Im Unterschied zu den allermeisten anderen Richtungen in der Volkswirtschaftslehre richten die sog. „Österreicher" bei ihren Theorien und Beurteilungen den Blick auf Moral bzw. Ethik und auf den Menschen als Individuum selbst, woraus sie ableiten, jedem Menschen die maximale Entscheidungsfreiheit zuzugestehen und dementsprechend die Macht des Staates so gering wie möglich zu halten (Minimalstaat).[2] Über die individuelle Freiheit schrieb der Ökonom Ludwig von Mises 1958: „Freiheit findet sich nur in Bereichen, in welche die Regierung (der Staat) nicht eingreift. Freiheit ist immer Freiheit von der Regierung (vom Staat). Sie ist Beschränkung des staatlichen Eingriffs."[3]

---

[1] Vgl.: Janich, Oliver (2010). *Das Kapitalismus Komplott.* München: FinanzBuch Verlag, S. 39-46.
[2] Vgl.: Baader, Roland (1999). *Die belogene Generation - politisch manipuliert statt zukunftsfähig informiert.* Gräfelfing: Resch-Verlag, S. 8.
[3] Ebenda, S. 136.

Der Dozent Rahim Taghizadegan schließt aus der Tatsache, dass das „menschliche Subjekt Ausgangspunkt der Ökonomie" ist, dass die Wiener Schule eine „personale, humane Wissenschaft" mit einem realistischen Menschenbild verkörpere.[4] Weiterhin hat die verbale Logik einen sehr hohen Stellenwert hier und wird mathematischen Modellen der Mikro- und Makroökonomie zum größten Teil vorgezogen. Dies wird von klassischen Ökonomen des Öfteren angeprangert.[5]

2.2.2 Wirtschafts- und Gesellschaftssystem

Als einziges Wirtschafts- und Gesellschaftssystem, das allen Ansprüchen an Moral, Praktikabilität, Beständigkeit genügt, eignet sich – aus Sicht der „Austrians" – die Freie Marktwirtschaft, aus der der Staat sich komplett herauszuhalten hat. Zur Legitimität einer politischen Instanz meint Roland Baader: „Notwendig ist Politik ausschließlich als dienende Ordnungspolitik und zur Sicherung der Bürger vor Übergriffen auf ihre Person, also auf ihr Leben, ihren Körper und die Früchte ihrer Arbeit bzw. auf ihr rechtmäßig erworbenes Eigentum. Alles andere ist Aggression gegen die Menschen, die doch vor Aggression geschützt werden sollen."[6]

2.2.3 Werttheorie

Des Weiteren betonen die Ökonomen der Wiener Schule, dass der Wert eines Gutes nicht objektiv, sondern ausschließlich subjektiv bemessen werden kann, da jenes Gut für jeden Betrachter einen eigenen subjektiven Wert hat (Beispiel: ein Glas Wasser in der Wüste). Der Preis dient hierbei lediglich als Orientierung und bildet sich aus den unterschiedlichen Bedürfnissen und Entscheidungen einzelner Individuen.[7]

2.2.4 Verträge

Die subjektive Werttheorie lässt sich auf den Tauschhandel übertragen: Wenn ein Kaufvertrag, Arbeitsvertrag etc. abgeschlossen wird, handelt es sich keineswegs um ein Nullsummenspiel, bei dem die Partner gleichwertige Güter oder Leistungen austauschen. Jeder Beteiligte schätzt den Wert des zu erhaltenden Gutes höher ein als das, was er dafür als Gegenleistung liefert, denn ohne Nutzen hätte er den Vertrag nicht abgeschlossen. Da ein Vertrag folglich eine „win-win-situation" darstellt,

---

[4] Taghizadegan, Rahim (2008). *Die Essenz der Wiener Schule der Ökonomie und ihre Relevanz für heute*. Institut für Wertewirtschaft, S. 9.
[5] Vgl.: Janich: *Das Kapitalismus Komplott*. S. 42.
[6] Baader: *Die belogene Generation*. S. 146.
[7] Taghizadegan: *Die Essenz der Wiener Schule der Ökonomie und ihre Relevanz für heute*. S. 7f.

bei dem alle Beteiligten profitieren, sehen die Österreicher die Grundlage des gesellschaftlichen Wohlstands in einem Höchstmaß an abgeschlossenen Verträgen, woraus folgt, dass, sobald der Staat die Vertragsfreiheit einschränkt bzw. Verträge ver- und behindert, gesellschaftliche und wirtschaftliche Prosperität nicht stattfinden kann.[8] Dass dem so ist, zeigt das Fraser Institute in seiner jährlichen Studie „Economic Freedom of the World Report" über den wirtschaftlichen Freiheitsgrad der Nationen und kommt zu dem Schluss, dass je größer die wirtschaftliche Freiheit, desto größer auch der allgemeine Wohlstand (sowohl bei den Armen als auch Reichen) ist.[9]

Anmerkung: Die Grundüberlegung ist hierbei, dass wenn ein Vertrag nur durch staatlichen Zwang zustande kommt, dies aufgrund nicht vorhandener Freiwilligkeit nicht zugunsten beider Beteiligter geschieht (z.B. bei einer gesetzlichen Frauenquote).

2.2.5 Steuerung der Wirtschaft

Eine konstruktive Steuerung der Wirtschaft einschließlich deren Geldwesens wird von Austrians als unmöglich angesehen. Dies zum einen, da die wirtschaftliche Entwicklung für die Zukunft unvorhersehbar ist, insbesondere das Wirtschaftswachstum, d.h. der Anstieg des BIP, welches lediglich für die Vergangenheit bekannt ist. Für eine Zentralbank ist es folglich nicht möglich, die Geldmenge im selben Maß zu erhöhen (um Preisstabilität zu erreichen). Weiterhin ist nicht absehbar, in welcher Branche dieses potentielle Wirtschaftswachstum stattfinden wird bzw. in welchem Sektor, weshalb eine Planungsstelle unweigerlich zum Scheitern verurteilt ist und Fehlinvestitionen, Konjunkturschwankungen und somit Armut hervorruft. Ob die staatliche Steuerung durch Manipulation der Zinsen (Leitzins) oder durch staatliche Investitionen geschieht, spielt eine untergeordnete Rolle.[10] Die vorhandene Informationsasymmetrie, d.h. dass Informationen immer ungleich verteilt sind, sorgt außerdem dafür, dass eine zentrale Instanz nicht dieselben Informationen besitzen kann wie die Wirtschaftssubjekte. Ohne diese Informationen kann sie nicht deren individuellen Bedürfnisse und Neigungen ableiten geschweige denn deren zukünftiges Verhalten vorhersehen, was zur zentralen

---

[8] Vgl.: Janich: *Das Kapitalismus Komplott.* S. 18f, 20ff, 27ff.
[9] Vgl.: ebenda S. 115.
[10] Vgl.: ebenda S. 32f, 89ff und Polleit, Thorsten/Prollius, Michael von (2010). *Geldreform, vom schlechten Staatsgeld zum guten Marktgeld.* Grevenbroich: Lichtschlag, S. 117f.

Steuerung einer Volkswirtschaft jedoch vonnöten ist.[11] Die Unmöglichkeit einer Zentralsteuerung lässt sich an einem einfachen Beispiel verdeutlichen: Falls ein Mensch imstande wäre, die Verhaltensweisen eines anderen Menschen zu 90 Prozent richtig vorherzusagen, so läge die Wahrscheinlichkeit, die Handlungen mehrerer Menschen entsprechend akkurat vorauszusagen bei 90% potenziert mit der Anzahl dieser Menschen, was bei hundert Menschen zu 0,003% und damit nicht mehr möglich ist, geschweige denn bei 80 Millionen Menschen (der ungefähren Einwohnerzahl Deutschlands).[12]

2.2.6 Arbeitsmarkt

In einem unregulierten und somit freien und flexiblen Arbeitsmarkt wird es außer der friktionellen (= Such-)Arbeitslosigkeit keine unfreiwilligen Arbeitslosen geben, da freie Arbeitsmärkte stets zu Vollbeschäftigung tendieren.[13] Dies zeigen nicht nur Statistiken, sondern lässt sich wie folgt auch logisch begründen:

Der Lohn ist der Preis der Arbeit und verhält sich wie jeder andere Preis.[14] Preise bilden sich auf dem Markt über Angebot und Nachfrage; sie spiegeln individuelle Bedürfnisse und reale Knappheiten wieder. Hohe Preise (oder Löhne) signalisieren folglich materielle Knappheit des Gutes (bzw. Arbeitskräftemangel).[15] Sobald diese Preise vom natürlich gebildeten Marktpreis entkoppelt werden, z.B. durch gesetzliche Mindestlöhne oder von Gewerkschaften über den Marktlohn hinaus getriebene Löhne, werden Knappheiten im Preis verzerrt angezeigt, was in der Folge zu falschen Anreizen und Fehlverhalten führt. Beispielsweise werden Unternehmen dann weniger Arbeitskräfte nachfragen (d.h. weniger Menschen einstellen und mehr entlassen) sobald der Preis der Arbeit zu hoch ist, sei es durch Mindestlöhne oder höhere Lohnnebenkosten, was zu Arbeitslosigkeit führt.[16] Der österreichische Ökonom Ludwig von Mises schreibt hierzu: „Auf einem [...] freien Arbeitsmarkt hat der Lohn für jede Arbeit die Tendenz, sich auf einer Höhe einzupendeln, bei der jeder Arbeitssuchende eine Arbeit bekommen kann und jeder Unternehmer soviel Arbeiter

---

[11] Vgl.: Janich: *Das Kapitalismus Komplott*. S. 50-52 und
http://de.wikipedia.org/wiki/Informationsasymmetrie, letzter Zugriff: 10.6.2011, 20 Uhr.
[12] Vgl.: Janich: *Das Kapitalismus Komplott*. S. 32.
[13] Vgl.: http://www.ef-magazin.de/2011/03/08/2900-zwischen-sozialismus-und-marktwirtschaft-ein-system-von-teilfreiheiten, letzter Zugriff: 23.6.2011, 18 Uhr.
[14] Vgl.: Hazlitt, Henry (1946). *ECONOMICS! Über Wirtschaft und Misswirtschaft*. München: Olzog Verlag, S. 159.
[15] Vgl.: ebenda S. 125-128.
[16] Vgl.: ebenda S. 159-165.

einstellen kann, wie er braucht. Bei wachsender Nachfrage nach Arbeit haben die Löhne eine steigende, bei sinkender Nachfrage eine fallende Tendenz."[17] Daraus folgt, dass ein hoher Beschäftigungsgrad nur dann erreicht wird, wenn Löhne die Verhältnisse von (Arbeitskraft-)Angebot und (Arbeitskraft-)Nachfrage den realen Gegebenheiten getreu abbilden, sich sozusagen frei bilden können, was ausschließlich durch (direkte oder indirekte) staatliche Einflussnahme verhindert wird.[18]

2.3 Wirtschaftskrisen

Ökonomen der Wiener Schule sehen den Grund für Konjunkturzyklen bzw. Konjunkturschwankungen (das „Auf und Ab der Wirtschaft") im staatlichen Interventionismus, d.h. im Schaffen von Fehlanreizen, durch Kredit- und Geldmengenausweitung und ähnliches.[19] Dass jeder Boom zwangsläufig in einem wirtschaftlichen Zusammenbruch endet und somit die Voraussetzung für einen Crash ist (und historisch gesehen auch war), drückt der Ökonom Roland Baader so aus: „Was wir im 20. und beginnenden 21. Jahrhundert auf Kredit vorausgefressen haben, werden wir für unabsehbare Zeit nachhungern müssen."[20] Stark sinkende Realzinsen lösen demzufolge einen wirtschaftlichen Boom aus, welcher durch die Marktkräfte anschließend mithilfe eine Depression bzw. Krise bereinigt wird.[21]

Da die Ökonomen der Österreichischen Schule bei der Suche nach dem Krisenauslöser ihren Blick auf die staatliche Geld- und Zinspolitik, d.h. das Geldsystem, richten, haben sie bisher jede Wirtschaftskrise als einzige Ökonomen zuverlässig und früh voraussagen können, bspw. Ludwig von Mises bereits 1924 die „Große Depression" (1929-1932) [22] und Roland Baader 2004 die aktuelle Weltwirtschaftskrise in seinem Buch „Geld, Gold und Gottspieler. Am Vorabend der nächsten Weltwirtschaftskrise". Im Folgenden werden die einzelnen Kritikpunkte dargestellt, an welche die „Austrians" ihre Prognosen festmachen.

---

[17] Mises, Ludwig von (1983). *Vom Wert der besseren Ideen – Sechs Vorlesungen über Wirtschaft und Politik.* München: Olzog Verlag, S. 97.
[18] Vgl.: Hazlitt: *ECONOMICS!.* S. 85-88 und Janich: *Das Kapitalismus Komplott.* S. 115ff.
[19] Vgl.: Polleit: *Geldreform, vom schlechten Staatsgeld zum guten Marktgeld.* S. 115f.
[20] Baader, Roland (2010). Warum die Finanzkrise nicht vernünftig gelöst wird. *eigentümlich frei, Nr. 105,* S. 37-40.
[21] Vgl.: Baader, Roland (2010). *Geldsozialismus. Die wirklichen Ursachen der neuen globalen Depression.* Gräfelfing: Resch-Verlag, S. 81f.
[22] Vgl.: http://axiomaticeconomics.com/Mises_Hayek_on_Great_Depression_by_Aguilar.pdf, letzter Zugriff: 10.6.2011, 20 Uhr.

2.4 Kritik am Geldsystem

2.4.1 Staatliches Geldmonopol

Seit Anfang des 20. Jahrhunderts werden in nahezu jeder Volkswirtschaft der Erde die sich im Umlauf befindliche Geldmenge sowie die Zinsen für neues Geld (Liquidität) zentral per Dekret von einer mehr oder weniger staatlichen Zentralbank gesteuert. Um ihr Monopol auf das Geld zu festigen, musste deren (Papier-)Geld als gesetzliches Zahlungsmittel festgelegt werden, d.h. jeder Bürger ist dazu verpflichtet, jene Geldart als Zahlungsmittel zu akzeptieren und damit seine Steuern zu bezahlen.[23] Generell können per Zwang (= Gesetz) durchgesetzte Monopole nie zugunsten der Mehrheit der Marktteilnehmer sein, da diese sich im freien Markt auch ohne genötigt zu werden für jenen Anbieter entscheiden würden. Ebenso verhält es sich im Geldmarkt, da Geld sich von anderen Gütern lediglich durch seinen universalen Charakter unterscheidet. Somit gelten die in 2.2.5 zur Steuerbarkeit der Wirtschaft genannten Argumente im Geldmarkt gleichermaßen. Der Journalist und Buchautor Oliver Janich formuliert das folgendermaßen: „Sobald eine zentrale Institution wie die Zentralbank, in dem wichtigsten Markt der Wirtschaft, dem Geldmarkt, sowohl den Preis des Gutes Geld, also den Zins, als auch die ursprüngliche Menge des Gutes, also die Geldmenge, zentral per Dekret vorgibt, muss das schief gehen, weil die zentrale Stelle niemals die Bedürfnisse und finanziellen Möglichkeiten vieler Millionen Marktteilnehmer kennen kann."[24] Zur Bedeutung des Geldwesens meint der amerikanische Ökonom Murray Rothbard: „Geld ist das Lebensblut der Wirtschaft, es ist Mittler aller Geschäfte. Herrscht der Staat über das Geld, so hat er bereits einen wichtigen Kommandoposten zur Kontrolle über die Wirtschaft an sich gebracht und ein Sprungbrett zum vollständigen Sozialismus geschaffen."[25] Angemerkt sei hierbei auch, dass eine massive Geldentwertung erst stattgefunden hat seitdem es Zentralbanken gibt, z.B. verlor der Dollar seit 1913 (der Gründung der US-Zentralbank Federal Reserve) insgesamt ca. 95-98% seiner Kaufkraft.[26]

---

[23] Vgl.: Prollius, Michael von (2010). Gutes Geld stammt vom Markt!. *Smart Investor, 9/2010*, S. 23-24.
[24] Janich: *Das Kapitalismus Komplott*. S. 90
[25] Rothbard, Murray (1963). *What Has Government Done to Our Money?*. Auburn: Praxeology Press.
[26] Vgl.: Janich: *Das Kapitalismus Komplott*. S. 56

2.4.2 Schuldgeldsystem

Alles Geld, das im Umlauf ist und von Zentralbanken ausgegeben wurde, sei es Dollar oder Euro, ist durch einen Kredit bzw. einen Ankauf von Anleihen durch die Notenbank entstanden und muss nach einer bestimmten Zeit wieder zurückbezahlt werden.[27] Folglich gäbe es kein Geld mehr, wenn alle auf der Welt existierenden Schulden getilgt werden würden. Allerdings ist dies nicht möglich, da jeder Kredit selbstverständlich einschließlich Zinsen zurückbezahlt werden muss, das Geld hierfür jedoch noch gar nicht im System ist.[28] Wenn das Geld für die Zinszahlungen in der Folge seinerseits wiederum geliehen wird, gleicht dies einem Schneeballsystem, das immer schneller immer mehr Geld benötigt und auf längere Sicht in einem Systemzusammenbruch enden muss (Hyperinflation bzw. Währungsschnitt), da eine exponentiell steigende Geldmenge einem noch schneller wachsenden Schulden- und Zinsberg gegenübersteht.[29]

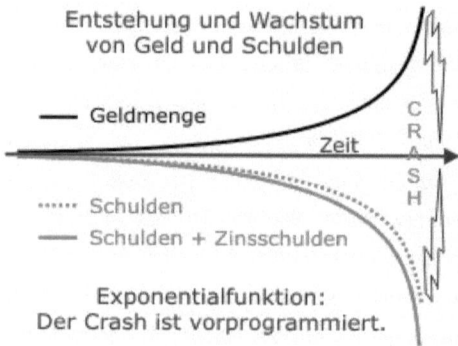

Abbildung 1: Schematische Darstellung des auseinander laufenden Geld- und Schuldenberges (Quelle: http://www.steuerboykott.org, letzter Zugriff: 14.6.2011, 15 Uhr)

2.4.3 Fiat Money

Das vom staatlichen Geldmonopol herausgegebene ungedeckte Papiergeld, welches faktisch aus Vertrauenszertifikaten besteht, wird als Fiat Money bezeichnet. Die lateinische Wortherkunft (lat. *fiat* = „es werde") deutet bereits an, dass es sich hierbei um beliebig vermehrbares und „auf Knopfdruck" erzeugtes Geld handelt, dessen Kaufkraft lediglich auf Vertrauen beruht und das durch keine realen Werte

---

[27] Vgl.: http://www.wirtschafts-lehre.de/geldschoepfung.html, letzter Zugriff: 13.6.2011, 18 Uhr.
[28] Vgl.: Baader: *Geldsozialismus.* S. 19.
[29] Vgl.: Bärligea, Ralph (2010). Die ideale „österreichische Welt". *Smart Investor, 8/2010*, S. 20.

(Sachwerte) gedeckt ist. [30] Das universale Tauschmittel Geld hat sich jedoch ursprünglich spontan aus dem Markt heraus gebildet, wobei verschiedenste Sachwerte bereits eine Geldfunktion innehatten, bspw. Getreide, Muscheln, Vieh und Edelmetalle. Diese Sachwertbindung wurde schließlich nach und nach aufgelöst, zuerst durch Einführung eines staatlichen Goldstandards, dann durch Annullierung desselbigen, bis dadurch das heutige Fiat Money entstanden war. [31] Da dieses Geld wie erwähnt keinen realen Wert besitzt und dessen Ausweitung keine Grenzen gesetzt sind, ist es die Grundlage von Geldmengen- und folglich Preisinflation.

Frisch von der Zentralbank gedrucktes Geld ist in erster Linie für dessen Erstempfänger von Vorteil, da diese noch zu unveränderten Preisen kaufen können (d.h. ohne Preisinflation), wohingegen der Geldwert durch das neu in Umlauf gebrachte Geld daraufhin sinkt und alle weiteren Empfänger zu höheren Preisen kaufen müssen (Preisinflation durch Geldmengenerhöhung). Dieser sog. „Cantillon-Effekt" entspricht einer Umverteilung des Vermögens von „unten" nach „oben", von Arm zu Reich. [32]

2.4.4 Teilreservesystem (*fractional reserve banking*)

Die gesetzlich für Geschäftsbanken vorgegebene Mindestreserve gibt an, wie viel Prozent eines Kredits in realen Ersparnissen (Kundeneinlagen) von ihnen als Reserve gehalten werden muss. In der EU gilt ein Mindestreservesatz von 2%, was anders ausgedrückt bedeutet, dass die Banken bspw. bei einer Einzahlung (Einlage) von 100€ einen Kredit von 98€ vergeben dürfen, von dem – falls das Geld bei einer anderen Bank einbezahlt würde – erneut nur 2% hinterlegt werden müssten und 96,04€ verliehen werden dürften usw. bis letztendlich aus jenen 100€ an Einlagen 4900€ zusätzliches digitales Geld (Giralgeld) erzeugt wurde (100€ = 2% von 5000€). Faktisch ist dies eine Geldschöpfung der Geschäftsbanken bzw. eine Duplikation des Zentralbankgeldes um (theoretisch) den Faktor 50 (bei 2% Mindestreserve). [33] Dies ist auch der Grund, weshalb Banken sich vor so genannten „Bank Runs" fürchten, bei dem ein großer Teil der Sparer gleichzeitig sein Geld abheben möchte, was jedoch nicht möglich ist, da die Bank jeweils lediglich einen geringen Anteil der Einlage als Reserve hält und den Rest bereits weiter verliehen hat. [34] Ökonomen der

---

[30] Vgl.: Baader: *Geldsozialismus*. S. 12f.
[31] Vgl.: ebenda S. 9ff und Prollius: Gutes *Geld stammt vom Markt!*. S. 23f.
[32] Vgl.: Bärligea: *Die ideale „österreichische Welt"*. S. 23.
[33] Vgl.: Baader: *Geldsozialismus*. S. 22f.
[34] Vgl.: Janich: *Das Kapitalismus Komplott*. S. 76f.

Wiener Schule kritisieren hierbei die dadurch ausgelöste Inflation und den Betrug, den Geschäftsbanken gegenüber ihren Kunden begehen, indem sie deren Ersparnisse ungefragt verleihen und daraus Zinserträge erhalten. Verglichen wird dieses System des Öfteren mit einer Garderobe, die die Mäntel der Theaterbesucher an andere Menschen während der Theatervorstellung gegen Gebühr verleihen und sogar Quittungen für nicht existierende Mäntel ausgeben würde.[35]

2.4.5 Lösung

Statt des heutigen von Roland Baader als „Geldsozialismus" bezeichneten planwirtschaftlichen Geldsystems schlagen die Ökonomen der Österreichischen Schule ein sog. „Free Banking"-System mit freiem Marktgeld vor. Dies bedeutet im Grunde genommen eine komplette Liberalisierung des Geld- und Bankwesens, d.h. konkurrierende Anbieter von Geld (vornehmlich Banken) würden Einlagen-Zertifikate, Münzen, Banknoten, Depositenscheine etc. ausgeben, aus denen die Menschen sich freiwillig für das subjektiv beste Geld entscheiden könnten, d.h. die Nachfrage bestimmt, was Geld ist. Banken würden hierbei hauptsächlich als Lagerstätten von Geld und Vermittler zwischen Sparern und Kreditnehmern fungieren. Dieses von staatlichen regulatorischen Eingriffen entzogene System des Geldangebots und der - produktion sowie des Bankgeschäfts wird als „Free Banking" bezeichnet, das des frei wählbaren Geldes als „freies Marktgeld".[36] Als allgemein akzeptiertes Tauschmittel (= Geld) wird sich aus dem Prozess der freien Geldwahl mit hoher Wahrscheinlichkeit Gold und Silber als das beste Geld herausstellen, da sie den Geldeigenschaften Homogenität, Teilbarkeit, Seltenheit und Haltbarkeit optimal genügen und gleichzeitig am wertstabilsten sind, was Inflation verhindert. [37] Dieser marktwirtschaftliche Vorgang der Suche nach dem besten Geld war – wie bereits in 2.4.3 erwähnt – die Grundlage für die Entstehung des Geldes als Ablösung des direkten Warentausches. Wie bei jedem Produkt sorgt auch der Wettbewerb im Geldmarkt für eine Steigerung der Qualität des jeweiligen Produktes, was sich beim Geld in einer höheren Kaufkraft niederschlägt.

---

[35] Vgl.: Prollius, Michael von (2010). Gutes Geld stammt vom Markt!. *Smart Investor, 9/2010, S. 23-25.*
[36] Vgl.: Polleit, Thorsten (Vortrag, 2010). *Free Market, Free Market Money und Free Banking:* http://www.go-ahead.at/index.php?id=1038&view=movie_detail, letzter Zugriff: 10.6.2011, 20 Uhr.
[37] Vgl.: Bärligea: *Die ideale „österreichische Welt".* S. 20f.

Das System des „Free Banking" war im 19. Jahrhundert weit verbreitet, bspw. in Nord- und Südamerika, in Westeuropa, im Britischen Weltreich und im Orient; am längsten jedoch erfolgreich in Schottland (von 1716 bis 1845).[38]

3. Fazit

Eine „ideale Österreichische Welt" würde nach der Vorstellung von Wirtschaftswissenschaftlern der Wiener Schule viele Vorzüge haben, bspw. gäbe es wie erwähnt keine Inflation, da die Nachfrage stets zu werthaltigem (also sachwertgedecktem) Geld tendiert. Wenn folglich das Geld an „echte" Werte wie z.B. Edelmetalle gebunden wäre, würde die Geldmenge kaum oder überhaupt nicht vermehrt werden können, was die Kaufkraft des Geldes bei technischem Fortschritt und kontinuierlicher Güterproduktion erhöhen und zu geringeren Warenpreisen führen würde, weshalb der Lebensstandard stetig steigen würde.[39] Die Kriminalitätsrate wäre deshalb erheblich niedriger, auch weil sich Verbrechen im Vergleich zur immer besser bezahlten Arbeit weniger lohnen würde.[40] Des Weiteren müssten die Bürger kaum oder keine Steuern und Abgaben an den Staat entrichten, da dieser lediglich für den Schutz der Eigentumsrechte im weitesten Sinne zuständig wäre, d.h. hauptsächlich für innere und äußere Sicherheit.[41] Aus der konsequenten Einhaltung der Eigentumsrechte folgt, dass der Staat sich nicht verschulden darf, da Staatsverschuldung im Grunde genommen einen (Kredit-)Vertrag zulasten Dritter darstellt, bei dem die Bürger für die Tilgung und Zahlungsfähigkeit des Staates unfreiwillig „bürgen".[42] Es gäbe zudem kaum Bürokratie, da in der freien Marktwirtschaft nur allgemeingültige Regeln festgelegt werden und keine spezifischen Regulierungen.

Was außerdem die Beschäftigungsrate betrifft, so ist davon auszugehen, dass in einem unregulierten Arbeitsmarkt Vollbeschäftigung erreicht sein wird[43] (siehe auch Ausführungen dazu in Kapitel 2.2.6). Mit der Abschaffung des Einflusses der Politik auf die Wirtschaft wäre zudem das Problem des Lobbyismus gelöst, da Unternehmen nicht mehr versuchen könnten, die Politik(er) zu ihrer Begünstigung zu

---

[38] Vgl.: Baader: *Geldsozialismus.* S. 150ff.
[39] Vgl.: Janich: *Das Kapitalismus Komplott.* S. 97f.
[40] Vgl.: ebenda S. 129.
[41] Vgl.: ebenda S. 99.
[42] Vgl.: ebenda S. 128f.
[43] Vgl.: Mises, Ludwig von (1983). *Vom Wert der besseren Ideen – Sechs Vorlesungen über Wirtschaft und Politik.* S. 97.

bewegen, sondern sie müssten sich im fairen Wettbewerb (d.h. auf dem Markt) behaupten.

Des Weiteren würde es nicht mehr möglich sein, Kriege zu führen, da dies insbesondere bei langen Kriegen an der Finanzierung scheitern müsste. Kriege wurden bisher nie von Unternehmen, sondern immer von politischen Herrschern und Staatsapparaten geführt, die sich dabei unmoralischen Mitteln zur Finanzierung bedienten, d.h. Besteuerung, Gelddrucken, Enteignung und Inflation. [44] Kein Unternehmen hätte je Interesse daran, dass Krieg geführt wird, weil Krieg immer auch Zerstörung von Produktionsmitteln bedeutet; bei Rüstungsunternehmen würde die Nachfrage vom Staat ausbleiben. Angriffskriege stellen zudem Eigentumsverletzungen dar, welche illegal sind und die Befugnisse sowie Macht eines Minimalstaates übersteigen.

Zusammenfassend lässt sich sagen, dass in einer idealen „Österreichischen Welt" keine konzentrierten Machtstrukturen herrschen würden, sei es durch Regierungen oder sonstige Monopole, sondern größtmögliche individuelle Freiheit und Frieden gewährleistet wäre, was jedoch auch die teilweise unbeliebte Unsicherheit, Unplanbarkeit, Verantwortung und ein gewisses Risiko mit einschließt. Letztendlich lautet die Devise immer: *Markt oder Befehl?*[45]

---

[44] Vgl.: Baader: *Die belogene Generation.* S. 77-79.
[45] Vgl.: Baader, Roland (2005). *Das Kapital am Pranger. Ein Kompass durch den politischen Begriffsnebel.* Gräfelfing: Resch-Verlag, S. 79f.

Literaturverzeichnis

- Baader, Roland (1999). *Die belogene Generation - politisch manipuliert statt zukunftsfähig informiert.* Gräfelfing: Resch-Verlag.
- Baader, Roland (2005). *Das Kapital am Pranger. Ein Kompass durch den politischen Begriffsnebel.* Gräfelfing: Resch-Verlag
- Baader, Roland (2010). *Geldsozialismus. Die wirklichen Ursachen der neuen globalen Depression.* Gräfelfing: Resch-Verlag.
- Baader, Roland (2010). Warum die Finanzkrise nicht vernünftig gelöst wird. *eigentümlich frei, Nr. 105,* S. 37-40.
- Bärligea, Ralph (2010). Die ideale „österreichische Welt". *Smart Investor, 8/2010,* S. 20-24.
- Hazlitt, Henry (1946). *ECONOMICS! Über Wirtschaft und Misswirtschaft.* München: Olzog Verlag.
- Hülsmann, Jörg Guido (Vortrag, 2009). http://www.go-ahead.at/index.php?id=671&view=movie_detail, letzter Zugriff: 10.6.2011, 20 Uhr.
- Janich, Oliver (2010). *Das Kapitalismus Komplott. Die geheimen Zirkel der Macht und ihre Methoden.* München: FinanzBuch Verlag.
- Mises, Ludwig von (1983). *Vom Wert der besseren Ideen – Sechs Vorlesungen über Wirtschaft und Politik.* München: Olzog Verlag.
- Polleit, Thorsten/Prollius, Michael von (2010). *Geldreform, vom schlechten Staatsgeld zum guten Marktgeld.* Grevenbroich: Lichtschlag.
- Polleit, Thorsten (Vortrag, 2010). *Free Market, Free Market Money und Free Banking:* http://www.go-ahead.at/index.php?id=1038&view=movie_detail, letzter Zugriff: 10.6.2011, 20 Uhr.
- Prollius, Michael von (2010). Gutes Geld stammt vom Markt!. *Smart Investor, 9/2010,* S. 23-25.
- Rothbard, Murray (1963). *What Has Government Done to Our Money?.* Auburn: Praxeology Press.
- http://axiomaticeconomics.com/Mises_Hayek_on_Great_Depression_by_Aguilar.pdf, letzter Zugriff: 10.6.2011, 20 Uhr.
- http://de.wikipedia.org/wiki/Informationsasymmetrie, letzter Zugriff: 10.6.2011, 20 Uhr.

- http://de.wikipedia.org/wiki/%C3%96sterreichische_Schule, letzter Zugriff: 10.6.2011, 20 Uhr.
- http://diepresse.com/home/wirtschaft/boerse/666081/Geld-und-Finanzkrisen_Eine-Welt-aus-Papier?_vl_backlink=%2Fhome%2Fwirtschaft%2Fboerse%2Findex.do, letzter Zugriff: 23.6.2011, 18 Uhr.
- http://ef-magazin.de/2009/03/28/1069-oekonomische-gesetze-der-markt-ist-unbezwingbar, letzter Zugriff: 23.6.2011, 18 Uhr.
- http://www.ef-magazin.de/2011/03/08/2900-zwischen-sozialismus-und-marktwirtschaft-ein-system-von-teilfreiheiten, letzter Zugriff: 23.6.2011, 18 Uhr.
- http://www.faz.net/-01iuts, letzter Zugriff: 10.6.2011, 20 Uhr.
- http://www.steuerboykott.org/, letzter Zugriff: 14.6.2011, 15 Uhr.